BEI GRIN MACHT SICH IHR WISSEN BEZAHLT

- Wir veröffentlichen Ihre Hausarbeit,
  Bachelor- und Masterarbeit

- Ihr eigenes eBook und Buch -
  weltweit in allen wichtigen Shops

- Verdienen Sie an jedem Verkauf

Jetzt bei www.GRIN.com hochladen
und kostenlos publizieren

Mareike Janßen

Taizé – Eine Form der (Jugend-) Mission?

GRIN Verlag

Bibliografische Information der Deutschen Nationalbibliothek:

Die Deutsche Bibliothek verzeichnet diese Publikation in der Deutschen National-
bibliografie; detaillierte bibliografische Daten sind im Internet über http://dnb.d-
nb.de/ abrufbar.

Impressum:

Copyright © 2010 GRIN Verlag GmbH
Druck und Bindung: Books on Demand GmbH, Norderstedt Germany
ISBN: 978-3-656-20261-5

Dieses Buch bei GRIN:

http://www.grin.com/de/e-book/179529/taize-eine-form-der-jugend-mission

GRIN - Your knowledge has value

Der GRIN Verlag publiziert seit 1998 wissenschaftliche Arbeiten von Studenten, Hochschullehrern und anderen Akademikern als eBook und gedrucktes Buch. Die Verlagswebsite www.grin.com ist die ideale Plattform zur Veröffentlichung von Hausarbeiten, Abschlussarbeiten, wissenschaftlichen Aufsätzen, Dissertationen und Fachbüchern.

Besuchen Sie uns im Internet:

http://www.grin.com/

http://www.facebook.com/grincom

http://www.twitter.com/grin_com

KATHOLISCH-
THEOLOGISCHE
FAKULTÄT

WESTFÄLISCHE
WILHELMS·UNIVERSITÄT
MÜNSTER

Institut für
Missionswissenschaft

Basismodul D/ Unterseminar:

Crossroads – Christentümer in Bewegungen und Begegnungen

Thomas Suermann

WS 2009/10

Hausarbeit:

Taizé – Eine Form der (Jugend-) Mission?

Vorgelegt von:

Mareike Janßen

BA KiJu: Mathematik, kath. Theologie

3. Semester

Inhaltsverzeichnis

1. Einleitung

Rückblickend auf das von mir besuchte Seminar im Wintersemester 2009/10 „Crossroads –
Christentümer in Bewegungen und Begegnungen" werde ich mich mit der Frage, ob Taizé
eine Form der Jugend–Mission ist, beschäftigen.

Die Arbeit beginnt mit der Klärung meines Verständnisses von Jugend–Mission bzw. Mission,
welches grundlegend ist für den Verlauf dieser Arbeit.

Anschließend werde ich mich näher mit der Entstehung der Gemeinschaft Taizés
beschäftigen. Hierzu betrachte ich zunächst ihre Entstehung selbst im Zusammenhang mit
Frère Roger, dem Gründer Taizés und die mit der Gründung verbundene Intention, sowie die
Entwicklung bzw. Veränderungen des Konzeptes bis zur heutigen Zeit. Diese Faktoren
können Hinweise auf erste Anzeichen einer Missionsintention geben.

In einem weiteren Schritt möchte ich konkreter auf die oben genannte Fragestellung
eingehen, indem ich versuche, die Verbindung zwischen der „Communauté de Taizé"
(Gemeinschaft Taizés) und den Jugendlichen, genauso wie einige mögliche Gründe hierfür,
aufzuzeigen.

Zum Abschluss werde ich mich dann direkt mit der Frage, ob Taizé eine Form der Jugend-
Mission ist, beschäftigen.

2. (Jugend-) Mission

In diesem Kapitel möchte ich mich mit meinem Verständnis von Mission bzw. Jugend –
Mission genauer beschäftigen, denn „‚Mission' transportiert viele Missverständnisse
und ist höchst erklärungsbedürftig"[1].

Der Begriff Mission enthält heute eine Vielfalt an Implikationen. Angefangen im
Gespräch, über die Heilsverkündigung bis hin zur Sakramentenspendung. Unter
Jugend–Mission verstehe ich eine Form der Mission, bei der es weniger um die bloße

---

[1] KRANEMANN, BENEDIKT/ PILVOUSEK, JOSEF/ WIJLENS, MYRIAM (Hg.), Mission – Konzepte und Praxis der
katholischen Kirche in Geschichte und Gegenwart. Würzburg 2009, 7 .

3

Verbreitung der Heilsverkündigung Gottes in Jesus Christus geht, sondern mehr um den Dialog mit den Jugendlichen über ihren Glauben und die damit verbundene Möglichkeit, den Jugendlichen das Christentum näher zu bringen.

Um es mit den Worten Michael Gabels zu sagen, verstehe ich unter (Jugend-) Mission ein „inspirierender und bereichernder Import an Ausdrucksformen und Gestaltungsmöglichkeiten, in denen der Reichtum des eigenen Glaubens auf neue Weise erfahren wird"[2]. Hierbei ist es mir noch wichtig zu betonen, dass die Aufgabe einer solchen Mission auch die ist, im Dialog offen für Neues zu sein und vor allem an der Lebenswelt der Jugendlichen anzuknüpfen: Gemeinsam mit ihnen einen Weg finden, also ganz im Sinne des Zweiten Vatikanisches Konzils die *Zeichen der Zeit* erkennen und in die Missionsarbeit mit einbeziehen.

Zuletzt ist noch festzuhalten, dass ich mich bei diesem Bild der Jugend – Mission vor allem auf diejenigen Jugendliche beziehe, die zwar getauft sind, aber den Kontakt zur Kirche (zum größten Teil) verloren haben.

3. *Communauté de Taizé*

In diesem Kapitel möchte ich mich vor allem mit der Entstehung, Intention und heutigen Existenz der „Communauté de Taizé" beschäftigen.

Wichtig ist mir hierbei, dass die Entwicklung bis heute und deren Gründe zum Vorschein kommen, damit die Intention Taizés mit in die Frage nach einer möglichen (Jugend -) Mission einbezogen werden kann.

3.1 Frère Roger und die Entstehung

Roger Schutz wurde 1915 in der Provence in der Schweiz als Enkel eines Priesters, Sohn eines evangelischen Pfarrers und jüngster Bruder von acht Geschwistern geboren.[3]

---

[2] GABE, MICHAEL, Mission als Teilhabe. In: KRANEMANN, BENEDIKT/ PILVOUSEK, JOSEF/ WIJLENS, MYRIAM (Hg.), Mission – Konzepte und Praxis der katholischen Kirche in Geschichte und Gegenwart. Würzburg 2009, 29-48 (hier: 29).

[3] Vgl. CHIRON, YVES, Frère Roger Gründer von Taizé. Eine Biografie. Regensburg 2009, 21-27.

Eine mehrere Jahre andauernde schwere Krankheit, mit zeitweiliger Genesung und dem damit verbundenen kurzzeitigen Besuchs eines Gymnasiums, führte dazu, dass Roger ab dem Alter von ca. 15 Jahren zu Hause unterrichtet wurde.[4] 1936 begann er dann, trotz starker Glaubenszweifel, sein Theologiestudium an der Freien Theologischen Fakultät von Lausanne. Im dritten Studienjahr wechselte Roger zur Protestantisch – Theologischen Fakultät von Straßburg. Kurz vor Beginn des Zweiten Weltkrieges verließ Roger Straßburg und fuhr nach einem kurzen Aufenthalt bei seinen Eltern nach Amsterdam zur Weltjugendkonferenz, als Vertreter des Bundes der missionarischen Jugendvereinigung.[5] Kurz darauf brach der Krieg aus, die Fakultät in Straßburg wurde geschlossen und Roger zog mit seiner Familie - darunter ein Bruder mit Frau und Kindern, sowie eine Schwester, ebenfalls mit Familie - in ein großes Haus in einem Dorf in der Nähe von Genf. Dadurch, dass Roger nun wieder in Lausanne studieren musste, konnte er einen Teil der Woche in Presinge bei seiner Familie wohnen.

Hier scheint Roger eine der ersten Erfahrungen des Gemeinschaftslebens gemacht zu haben, die für ihn von Bedeutung waren.

Roger beginnt an der Universität, den Gedanken eines Lebens in Gemeinschaft („Communauté") zu verbreiten und übte diese auch 1939/40 mit den ersten Studenten aus, jedoch noch ohne feste Konturen. Ein Jahr später brach Roger schließlich auf, um ein Haus zu suchen, das gleichzeitig eine Auffangstation für Flüchtlinge sein sollte. Dieses fand er zufällig in Taizé.[6]

Ein erstes Treffen in Taizé unter dem Diskussionsthema „Das Verhältnis zwischen Glauben und Wissenschaft" findet, trotz Reisebeschränkungen aufgrund des Zweiten Weltkrieges, statt. Während der nachfolgenden Kriegsjahre gewährte Roger verfolgten Menschen (Juden und Widerständler) Zuflucht.[7]

Bis hierhin ist zunächst einmal festzuhalten, dass Frère Rogers Leben schon mit seiner Geburt vorbestimmt ist, da er in einem sehr christlichen Elternhaus aufwuchs. Noch nach Studienbeginn ist sich Frère Roger jedoch nicht sicher, worauf er sich innerhalb seines Theologiestudiums spezialisieren soll. Erst mit den darauf folgenden Jahren wird

---

[4] Ebd. 38f.
[5] Ebd. 42-52.
[6] Ebd. 52-57.
[7] Ebd. 58-61.

ihm klar, dass er ein Leben in Gemeinschaft führen und verwirklichen möchte. Eine Gemeinschaft, die zunächst ohne klare Strukturen gegründet wurde, mit dem scheinbaren Ziel, über Welt und Religion betreffende Dinge zu diskutieren und Menschen auf der Flucht zu helfen.

Mission spielt demnach in den ersten Zügen der *Communauté de Taizé* keine Rolle. Vielmehr geht es um Nächstenliebe und eine gewisse Selbstverständlichkeit, von der Roger ausgeht. Eine Selbstverständlichkeit, mit der Menschen bzw. Interessierte an einem solchen Leben in Gemeinschaft glauben.

3.2 Intention/ Grundkonzept

Die ersten richtigen Regeln für die *Communauté de Taizé* schrieb Frère Roger 1952/53. Diese sollten vor allen Dingen eine Grundlage für das Leben in Gemeinschaft geben und die Ideale der Brüder darstellen. Doch für ihn scheinen diese Worte nie endgültig gewesen zu sein, denn es folgte nach dem ersten Buch noch eine Reihe von weiteren Büchern, die diese Regeln erweitern und ergänzen.[8]

„Bruder, wenn du dich einer gemeinsamen Regel unterwirfst, so kannst du das allein um Christi und des Evangeliums willen"[9] heißt es in der Präambel in der von Roger veröffentlichten „Règle de Taizé" („Regel von Taizé"). Frère Roger lag es vor allem am Herzen, dass sich seine Brüder vor allen Dingen an das halten, was Gott von ihnen fordere. Seine Aufforderung an die Brüder der *Communauté* war es, niemals auf der Stellestehen zu bleiben, sondern auf den Spuren Christi dem Ziel zuzulaufen.[10]

Auch gibt es Regeln für ausgesandte Brüder, also diejenigen, die in die Welt hinaus gehen und Kontakt mit Menschen, die keine Mitglieder der Communauté sind, haben können. Doch diese Regeln Beziehen sich überwiegend auf die Interaktion zwischen dem Prior[11] und den Brüdern und dem Leben der ausgesandten Brüder miteinander. Es lassen sich weder Angaben, noch Andeutungen über den Kontakt mit Menschen außerhalb der brüderlichen Gemeinschaft finden. Für das erste Grundkonzept der

---

[8] Vgl. BRICO, REX, TAIZÉ. Frère Roger und die Gemeinschaft. Im Breisgau 1979, 159.
[9] SCHUTZ, ROGER, Die Regel von Taizé. Gütersloh 1963 , 11.
[10] Vgl. Ebd. 13.
[11] Der Prior (früher Frère Roger, jetzt Frère Alois) ist ein Bruder wie jeder andere auch mit dem Auftrag, Entscheidungen zu fällen und das gemeinschaftliche Leben zusammen zu halten.

Communauté de Taizé war es scheinbar nicht wichtig, andere von ihrem Leben oder von ihrer Art des Glaubens zu begeistern. Es lässt sich keine Aufforderung zu einem Diaolog mit der Welt finden. Die Tatsache, dass diese Aufforderung keine Erwähnung in den Regeln findet, kann aber nicht direkt darauf schließen lassen, dass dem nicht doch so war. Möglicherweise wurde dies nur nicht als Regel festgehalten. Außerdem war dieses Regelbuch auch nur der Anfang einer Serie an Büchern, die Frère Roger verfasst hat.

Wirft man nun den Blick auf weitere Werke Frère Rogers, so stellt man fest, dass ca. 15 Jahre bzw. drei Bücher später das Buch mit dem Titel „Unanimité dans le pluralisme" („Einmütigkeit im Pluralismus") erschienen ist. Dieses Buch erweitert die Regel von Taizé für Menschen, die nicht in einer Gemeinschaft leben.[12]

Hier lassen sich Ansätze erkennen, die auf eine Verlagerung der Intention der *Communauté de Taizé* hindeuten, erkennen.

Insgesamt ist daher festzustellen, dass in den frühen Anfängen des geordneten und auf Regeln basierenden Gemeinschaftslebens in Taizé Mission noch keine Rolle gespielt hat, jedoch im Laufe der Jahre Tendenzen zu erkennen sind, die auf ein in diese Richtung wandelndes oder sich erweiterndes Konzept hindeuten.

3.3 Taizé heute

Interessant ist es nun zu betrachten, inwieweit sich das Konzept gewandelt hat und wie Taizé heute aussieht.

Eine wichtige Aufgabe sehen die Brüder in der Hilfe bedürftiger Menschen.[13] Die Hilfe, die Roger schon vor Gründung der *Communauté de Taizé* Flüchtlingen gegeben hat, existiert immer noch und wird auf die Probleme der heutigen Zeit übertragen. „Brüder der *Communauté* leben als Zeugen des Friedens auch in kleinen Fraternitäten unter Menschen an benachteiligten Orten in Asien, Afrika und Südamerika und versuchen unter den Ärmsten ein Zeichen der Liebe zu sein."[14] Doch dies scheint nur ein kleiner Teil

---

[12] Vgl. BRICO, TAIZÉ 160.
[13] Vgl. TAIZÉ, Ein „Gleichnis der Gemeinschaft", auf: http://www.taize.fr/de_article6599.html (Stand: 08.12.09).
[14] a.a.O.

der großen Aufgabe der *koinonia*[15] zu sein.

Ein ganz entscheidender Punkt für die Brüder Taizés ist heute nach wie vor die Gemeinschaft. Diese Gemeinschaft beschränkt sich nicht nur auf die Brüder selbst. Ökumene spielt eine ganz wichtige Rolle hierbei. Ein Ziel scheint es daher zu sein, die christlichen Kirchen im Sinne Jesu zu einer Einheit zusammen zu führen.[16] Die Türen der *Communauté* stehen, wie schon in den ersten Regeln von Taizé festgehalten[17], jederzeit offen für Gäste, unabhängig von deren Konfession. Als Zeichen hierfür hat Frère Roger schon mehrere Monate nach dem Zweiten Vatikanischen Konzil versucht, ein für ihn zentrales Ziel zu verwirklichen: Die Interkommunion; also die Möglichkeit für einen evangelischen Christen bei einem katholischen, anglikanischen oder orthodoxen Gottesdienst die Kommunion zu empfangen (und umgekehrt). Diese wäre für ihn ein nächster deutlicher Schritt in die Ökumene.[18]

Durch die Ersehnung einer solchen Einheit hat sich Taizé als Ort zu einem Anlaufpunkt für viele katholische Gemeinschaften und Gruppierungen entwickelt. Es ist damals eine Euphorie unter den Christen, nicht nur den Katholiken, ausgebrochen, mit dem Wunsch einer Veränderung der Kirche durch die Vereinheitlichung. Vor allem junge Menschen fühlten sich davon angezogen - was bis heute immer noch der Fall ist.[19]

Heute kann man jederzeit per Online-Anmeldung im Normalfall eine Woche in Taizé verbringen. Es wird vor allen Dingen der Kontakt mit Menschen anderer Länder, die Atmosphäre und Stille, der Kontakt mit den Brüdern und der Wunsch, nach einer freien Entscheidung zu kommen, betont.[20] Worum es bei den Treffen geht, ist folgendes: „Eine Woche in Taizé gibt Gelegenheit, das eigene Leben im Licht des Evangeliums zu betrachten: drei gemeinsame Gebete am Tag, Nachdenken über die Quellen des Glaubens und Mithilfe bei den täglich anfallenden praktischen Arbeiten"[21].

Abschließend ist zu bemerken, dass die Jugendlichen eine große Rolle für die *Communauté de Taizé* spielen. Das, was früher kein konkretes Ziel Frère Rogers war, ist heute wesentlicher Charakter der Einheit in der Vielfalt geworden, also der

---

[15] gr.: „Gemeinschaft, die durch Teilhabe entsteht"
[16] Vgl. ALBUS, MICHAEL, Taizé. Die Einfachheit des Herzens. Das Vermächtnis von Frère Roger. Gütersloh 2006, 116-122.
[17] Vgl. ROGER, Die Regel 61.
[18] Vgl. CHIRON, Frère Roger 176.
[19] Vgl. Ebd. 177-180.
[20] Vgl. TAIZÉ, Mit Jugendlichen nach Taizé fahren, auf http://www.taize.fr/de_article5508.html (Stand: 08.12.09).
[21] TAIZÉ, Worum geht es bei den Treffen?, auf: http://www.taize.fr/de_article5503.html (Stand: 08.12.09).

Gemeinschaft verschiedener Christen aus aller Welt.

Kann man hier von Jugend–Mission sprechen? Diese Antwort bedarf weiterer Gesichtspunkte, die ich im folgenden Kapitel behandeln möchte.

4 Jugend und Taizé heute

Wie schon oben angedeutet, werde ich mich nun mit weiteren Faktoren beschäftigen, die notwendig sind für die Aufklärung, ob man beim „Phänomen Taizé"[22] von einer Jugend–Mission sprechen kann, oder nicht.

Hierzu werde ich zunächst die *Zeichen der Zeit*, die es nach meinem Missionsverständnis zu erkennen und zu deuten gilt, anschauen um in einem zweiten Schritt den Blick dementsprechend auf Taizé zu werfen.

4.1 Zeichen der Zeit

Aussagen, wie: „Kirchen spielen heutzutage keine Rolle mehr. Ihre gesellschaftspolitische Relevanz tendiert gegen Null, als moralische Instanz kommt ihr höchstens noch eine Alibifunktion zu."[23] oder „Und auch viele (Noch-)Mitglieder haben Probleme mit ihren Kirchen, weil sie häufig nur noch leere Rituale zelebrieren (Beispiel katholische Kirche)"[24] oder „Zu Beginn des neuen Jahrtausends steht der christliche Glaube vor der Herausforderung des Unglaubens und der religiösen Indifferenz."[25] weisen auf die Zeichen der Zeit hin, die vor allen Dingen Jugendliche, als junge Menschen, die in einer solchen Zeit aufwachsen, betreffen.

Die Ursache hierfür sieht der Päpstliche Rat für die Kultur zunächst in den Menschen

---

[22] ALBUS, Taizé, 113.

[23] MALLINKRODT-NEIDHARDT, SYLVIA, Mission heute. Von Seelenfängern und Menschenfischern. Gütersloh 2001, 34.

[24] Ebd. 40.

[25] PÄPSTLICHER RAT FÜR DIE KULTUR, „Wo ist dein Gott? Der christliche Glaube vor der Herausforderung religiöser Indifferenz". In: KRANEMANN, BENEDIKT/ PILVOUSEK, JOSEF/ WIJLENS, MYRIAM (Hg.), Mission – Konzepte und Praxis der katholischen Kirche in Geschichte und Gegenwart. Würzburg 2009, 187-228 (hier: 188).

selbst, die nämlich auf einer individuellen und egoistischen Suche nach dem eigenen Wohlergehen seien und dem Druck einer Kultur ohne spirituelle Verankerung unterliegen.[26] Mehrere Faktoren scheinen hierfür auschlaggebend zu sein:

Zum Einen wäre da die Vernachlässigung der Glaubenserziehung und die damit verbundene Unwissenheit im Bezug auf religiöse und christlich kulturelle Tradition und das Fehlen von spirituellen Traditionen. Außerdem spielt die Wissenschaft mit ihrer Schritt für Schritt Aufklärung über, vorher auf Gott zurückgeführte, Erklärungen eine Rolle bei der Tendenz der Menschen zur Ungläubigkeit. Auch geschichtliche Entwicklungsfaktoren wie die Aufklärung scheinen mitwirkend zu sein: Die Verbreitung des Subjektivismus mit der Auswirkung, dass der Mensch sich selbst nun im Zentrum des Universums sieht, was wiederum zu einer Autoritätskrise (auch gegenüber der Kirche) führt. Heutige Medien, die den Zugang zur Welt und einen Einblick in die Realität des Bösen ermöglichen, verstärken die schon immer existente Theodizee-Frage. Eine sehr große Rolle für die steigende Zahl der Nicht(mehr)glaubenden spielt die Kirche selbst. Enttäuschende, unbefriedigende, verärgernde und generell negative Erfahrungen mit der Institution Kirche führen zu einer grundsätzlichen Ablehnung und Indifferenz.[27]

An dieser Stelle spielt für Mission die Wiederaufnahme ehemaliger Christen und Christinnen bzw. Gläubigen, die eine Entfremdung vom Glauben erfahren haben, eine große Rolle.

Bewirkt Taizé eine solche Wiederaufnahme bzw. greift die *Communauté* diese Zeichen der Zeit und ihre Ursachen auf? Werden auf Basis dieses möglichen Aufgreifens Jugendliche wieder näher zum Christentum gebracht?

4.2 Jugendliche über Taizé

Aus den oben angegebenen Zeichen der Zeit entwickelt sich eine neue Frage: Warum machen sich Jugendliche überhaupt noch auf den Weg nach Taizé, wenn sie doch überwiegendes Desinteresse an der Kirche zeigen?

---

[26] Ebd. 190.
[27] Vgl. ebd. 194-198.

Eine Antwort darauf ist folgende: „In der westlichen Welt, wo Wissenschaft und moderne Technik den Sinn für das Religiöse weder unterdrücken noch befriedigen können, entwickelt sich eine neue, eher spirituelle als religiöse Suche, die jedoch keine Rückkehr zu traditionellen religiösen Praktiken darstellt."[28]

Für Taizé bedeutet dies, dass sich viele Jugendliche bzw. junge Erwachsene auf den Weg dorthin machen, um mehr spirituelle als religiöse Erfahrungen zu sammeln.

Doch was passiert dort? Reisen sie auch mit eine spirituellen Erfahrung wieder ab?

„Hier ändern sich Menschen"[29] heißt es in einer Zeitschrift für Jugendliche. Eine Jugendliche äußerte in einem Gespräch über Taizé von ihrem Erleben der *Communauté de Taizé*, dass die Kontemplation – also das Schweigen und in sich kehren – sie gelehrt habe, ihre Abhängigkeit von Gott anzunehmen und sie als Liebesbeziehung zu sehen.[30]

Aussagen von Jugendlichen aus verschiedenen Ländern in Taizé über Taizé enthalten folgende Kernpunkte: Jeder Mensch/Jugendliche ist auf der Suche. In Taizé weisen die einfachen Lebensbedingungen auf das Wesentliche hin. Es gefällt, wie dort gebetet wird, trotz vorheriger Zweifel. Man kann auch ohne Ahnung vom Glauben dorthin kommen. Man ist offen füreinander dort bzw. man lernt, keine Angst mehr zu haben und offen zu sein.[31]

Jugendliche, die bereits auf der Suche sind, finden sich in Taizé zusammen. Werte wie Solidarität, Miteinander und Offenheit füreinander scheinen eine sehr große Rolle hierbei zu spielen. Das tägliche Gebet und die Gesänge in Taizé wirken sich positiv auf das Erleben dort aus.

Klar herausstellen, ob sich das eher spirituelle Streben nun zurück zu einem christlichen Glauben oder überhaupt dorthin führt, lässt sich jedoch nicht. Einige, die von und über ihren Glauben und Gott reden, scheinen schon vorher gläubig gewesen zu sein und wiederum andere, die vorher wenig Verbindung mit dem Glauben an Gott hatten, haben in Taizé zwar etwas Neues gefunden, doch dieses Neue hat weniger mit Gott und mehr mit einer Findung zu sich selbst bzw. „zum Wesentlichen" hin zu tun. Fest steht jedoch, dass die Jugendlichen in Taizé entgegen der Zeichen der Zeit ein Miteinander erleben, was heutzutage in einer subjektorientierten Welt an Bedeutung

---

[28] Ebd. 193.
[29] Taizé ist mehr, auf:http://menschenrechte.jugendnetz.de/index.php?id=234 (Stand: 10.12.09)
[30] BRICO, TAIZÉ 98.
[31] Vgl. TAIZÉ, Eine Woche in Taizé, auf: http://www.taize.fr/de_article4772.html (Stand: 10.12.09)

verloren hat und doch einen wesentlichen Charakter des Christentums ausmacht.

4.3 Taizé über Jugendliche

„[...]Die Leute verlangen von uns, den Brüdern [...], daß wir unserer Berufung treu sind und sie als lebendiges Zeichen für andere Leben. Daß wir hier um Christi willen sind, der ja die lebendige Quelle unseres Lebens ist [...]'"[32] erzählt ein Bruder der Taizé-Gemeinschaft. Eine ganzzeitliche Mitarbeiterin Taizés sagt: „,Die meisten kommen gewiß nicht her, um herauszufinden, was die Kirche will. [...]. Aber wenn sie mitmachen, können sie beginnen, etwas von der Verbindung zu entdecken, die für ihr eigenes Glück notwendig ist und für die Kirche [...] Und aus demselben Grund verweist Taizé sie auf ihre eigene Kirche oder auf andere Gemeinschaften zu Hause.'"[33]

Den Brüdern ist es sehr wichtig, dass sie die Jugendlichen in keine Richtung zwängen oder manipulierend beeinflussen. Es soll ihre freie Entscheidung sein, sich nach Taizé zu begeben.[34]

In einem Brief aus Prag aus dem Jahre 1990 hat Frère Roger die Jugendlichen eingeladen, das Evangelium zu befolgen und sich den „Gaben des Heiligen Geistes" zu öffnen.[35]

All diese Aussagen deuten darauf hin, dass der *Communauté de Taizé* viel daran liegt, ihre Lebensweise und ihren Glauben an Gott und an Jesus Christus weiterzugeben. Sie sehen das Leben in Gemeinschaft als den Kern des Glaubens und versuchen durch Gespräche und Aufrufe wie „,[...] Seht zuerst nach, was schon in eurer Pfarrei oder Gemeinde vorhanden ist, vielleicht besteht schon eine lebende Gruppe, der ihr euch anschließen könnt'"[36], andere Menschen, vor allen Dingen Jugendliche, die sich nun mal von Taizé angezogen fühlen, davon zu überzeugen. Es wird deutlich, dass es den Brüdern der Gemeinschaft nicht darum geht, ihre Art und Weise des Glaubens zu verbreiten. Mehr geht es um den Glauben selbst und die Gemeinschaft des christlichen Glaubens, die in der ganzen Welt verkörpert werden soll. Diese Chance wird vor allen Dingen in den Jugendlichen gesehen.

---

[32] BRICO, TAIZÉ 109.
[33] Ebd. 135.
[34] Vgl. STÖCKL, Andreas, Taizé. Geschichte und Leben der Brüder von Taizé. Gütersloh 1987, 87.
[35] Vgl. CHIRON, Frère Roger 286.
[36] BRICO, TAIZÉ 134.

Frère Roger hat in seinem Buch „Heute Gottes" folgendes geschrieben:

„Sichtbare Einheit der Kirche und Mission der Kirche sind untrennbar miteinander verbunden. Die Einheit der Kirche ist Voraussetzung und Inhalt der Mission der Kirche."[37]

Es wird deutlich, dass Taizé tatsächlich etwas mit Mission zu tun hat.

5. Fazit

Zum Zeitpunkt der Gründung der *Communauté de Taizé* war es für Frère Roger noch nicht offensichtlich wichtig, andere Menschen von seinem Leben im Gemeinschaft zu überzeugen. Ein solches Leben hat er zwar angestrebt, wollte die Gemeinschaft aber zunächst nur mit bestimmten Personen ausüben.

Nachdem die Gemeinschaft erste Züge angenommen hat entwickelten sich langsam Strukturen und um die Zeit des Zweiten Vatikanischen Konzils äußerte Frère Roger zum ersten Mal öffentlich den Gedanken der Einheit der christlichen Kirche.

Von da an Begann der enorme Zulauf vieler junger Menschen, der jedoch so nicht beabsichtigt, trotzdem aber willkommen war.

Heute ist es den Brüdern sehr wichtig, den Glauben durch die Gemeinschaft ohne Zwang weiterzugeben. Verwirklicht wird dies durch Gebete, Zeiten des Nachdenkens und Gespräche. Es findet ein Aufruf zur weiteren Umsetzung, vor allem im eigenen Lebensumfeld, zur Verbreitung der Gemeinschaft der Christen statt. Hierbei wirken die Mitglieder der *Communauté* gegen die Zeichen der Zeit; also gegen den Subjektivismus, gegen fehlende Glaubensvermittlung, fehlende spirituelle Erfahrungen und gegen schlechte Erfahrungen mit der Kirche.

All diese Strebungen sind zwar nicht unbedingt beabsichtig, aber sie existieren. Deshalb kann man, wenn man von Taizé spricht, auch von Mission sprechen. Der Begriff Jugend-Mission ist an dieser Stelle nicht unbedingt treffend, da der Zulauf junger Menschen in Taizé von den Jugendlichen selbst ausgeht und demnach die Brüder weniger damit zu tun haben. Daher ist es passender, hier nur von Mission zu sprechen. Ihr größtes Ziel ist

---

[37] STÖCKL, Taizé 140.

es nämlich, die Einheit der Kirche zu verwirklichen – und das mithilfe derjenigen, die diesen Gedanken teilen. Den Jugendlichen.

6. Literaturverzeichnis

Literaturquellen

ALBUS, MICHAEL, Taizé. Die Einfachheit des Herzens. Das Vermächtnis von Frère Roger. Gütersloh 2006.

BRICO, REX, TAIZÉ. Frère Roger und die Gemeinschaft. Im Breisgau 1979.

CHIRON, YVES, Frère Roger Gründer von Taizé. Eine Biografie. Regensburg 2009.

GABE, MICHAEL, Mission als Teilhabe. In: KRANEMANN, BENEDIKT/ PILVOUSEK, JOSEF/ WIJLENS, MYRIAM (Hg.), Mission – Konzepte und Praxis der katholischen Kirche in Geschichte und Gegenwart. Würzburg 2009, 29-48

KRANEMANN, BENEDIKT/ PILVOUSEK, JOSEF/ WIJLENS, MYRIAM (Hg.), Mission – Konzepte und Praxis der katholischen Kirche in Geschichte und Gegenwart. Würzburg 2009 .

MALLINKRODT-NEIDHARDT, SYLVIA, Mission heute. Von Seelenfängern und Menschenfischern. Gütersloh 2001.

MYRIAM (Hg.), Mission – Konzepte und Praxis der katholischen Kirche in Geschichte und Gegenwart. Würzburg 2009, 187-228.

PÄPSTLICHER RAT FÜR DIE KULTUR, „Wo ist dein Gott? Der christliche Glaube vor der Herausforderung religiöser Indifferenz". In: KRANEMANN, BENEDIKT/ PILVOUSEK, JOSEF/ WIJLENS, MYRIAM (Hg.), Mission – Konzepte und Praxis der katholischen Kirche in Geschichte und Gegenwart. Würzburg 2009, 187-228.

SCHUTZ, ROGER, Die Regel von Taizé. Gütersloh 1963.

STÖCKL, Andreas, Taizé. Geschichte und Leben der Brüder von Taizé. Gütersloh 1987.

Internetquellen

Taizé ist mehr, auf: http://menschenrechte.jugendnetz.de/index.php?id=234 (Stand: 10.12.09)

Taizé, Ein „Gleichnis der Gemeinschaft", auf: http://www.taize.fr/de_article6599.html
(Stand: 08.12.09).

Taizé, Eine Woche in Taizé, auf: http://www.taize.fr/de_article4772.html (Stand:
10.12.09)

Taizé, Mit Jugendlichen nach Taizé fahren, auf http://www.taize.fr/de_article5508.html
(Stand: 08.12.09).

Taizé, Worum geht es bei den Treffen?, auf: http://www.taize.fr/de_article5503.html
(Stand: 08.12.09).